EXPLICANDO
¿Eternamente seguros?
Lo que la Biblia dice acerca de ser salvos

DAVID PAWSON

ANCHOR RECORDINGS

Copyright ©2017 David Pawson

El derecho de David Pawson a ser identificado como el autor de esta obra ha sido afirmado por él de acuerdo con la
Ley de Copyright, Diseños y Patentes de 1988.

A menos que se indique lo contrario, las citas bíblicas son tomadas de
La Santa Biblia, Nueva Versión Internacional® NVI®
© 1999 by Biblica, Inc.®
Usada con permiso. Todos los derechos reservados en todo el mundo.
Traducido por Alejandro Field
Revisado por María Alejandra Ayanegui Alcérreca

Esta traducción internacional español se publica por primera vez
en Gran Bretaña en 2017 por
Anchor Recordings Ltd
DPTT, Synegis House, 21 Crockhamwell Road,
Woodley, Reading RG5 3LE

Ninguna parte de esta publicación podrá ser reproducida o transmitida de ninguna forma o por ningún medio, electrónico o mecánico, incluyendo fotocopia, grabación o ningún sistema de almacenamiento o recuperación de información, sin el permiso previo por escrito del editor.

**Si desea más de las enseñanzas de David Pawson,
incluyendo DVD y CD, vaya a
www.davidpawson.com**

**PARA DESCARGAS GRATUITAS
www.davidpawson.org**

**Si desea más información, envíe un e-mail a
info@davidpawsonministry.com**

ISBN 978-1-911173-62-5

Este libro está basado en una charla. Al tener su origen en la palabra hablada, muchos lectores encontrarán que su estilo es algo diferente de mi estilo habitual de escritura. Se espera que esto no afecte la sustancia de la enseñanza bíblica que se encuentra aquí.

Como siempre, pido al lector que compare todo lo que digo o escribo con lo que está escrito en la Biblia y, si encuentra en cualquier punto un conflicto, que siempre confíe en la clara enseñanza de las escrituras.

David Pawson

EXPLICANDO
¿Eternamente seguros?
Lo que la Biblia dice acerca de ser salvos

Mi libro titulado *The Road to Hell* (El camino al infierno) fue publicitado en una revista nacional en Inglaterra con estas palabras: "Lea la autobiografía de David Pawson, *El camino al infierno*". En realidad, ese libro fue un milagro. Estaba yendo a Italia para hablar en una conferencia, y tenía una maleta grande con mi ropa adentro, y un pequeño maletín negro. En el maletín estaba el manuscrito completo del libro. Escribo todos mis libros con una pluma estilográfica, y había un solo manuscrito. Cuando llegué al aeropuerto de Bolonia, era medianoche. Estaba oscuro, y caía una fuerte lluvia. Fuimos al estacionamiento, y el pastor que me recibió me dijo: "Entre en el coche, y pondré su equipaje en el baúl". Llegamos a su casa una hora después. Cuando llegamos, abrió el baúl, sacó mi maleta y lo cerró. Le dije: "Espere, tengo mi maletín adentro".

"No", contestó. "Solo estaba la maleta". El pastor no había visto el maletín negro en el carrito de equipaje, porque estaba tan oscuro y llovía tanto.

"Pero", dije, "todas mis notas para la conferencia están en ese maletín, y el manuscrito completo de un libro llamado *El camino al infierno*". Volvimos a toda velocidad al aeropuerto a la una de la mañana. No había rastros del maletín ni del carrito de equipaje. Fuimos a la oficina de objetos perdidos. Dijeron que no lo habían entregado. Fuimos a la policía y dijimos: "Hemos perdido un maletín", y el policía se sonrió y dijo: "¿Perdió un maletín en Italia?", como diciendo que jamás lo volvería a ver.

Dormí en una cochera esa noche, y me arrodillé junto a un mueble-cama y dije: "Señor, me has dado una oportunidad maravillosa para averiguar si quieres que ese libro sea publicado. Si quieres que sea publicado, tendrás que encontrarlo y traerlo, porque yo no voy a volver a escribirlo. Si no quieres que sea publicado, no quiero tenerlo de vuelta". El día siguiente conduje cien millas a la costa adriática, al hotel de la conferencia. Temprano a la mañana disfruté de una hermosa caminata por la playa. Un amigable perro me acompañó y compartimos un tiempo hermoso. Cuando volví al hotel, un hombre se me acercó y puso el maletín en mi mano. Al día de hoy no sabemos quién era el hombre ni dónde había estado. ¡Esto era a cien millas, la mañana siguiente! Lo abrí, y estaba el manuscrito completo, pero el orden de las páginas estaba cambiado. Me llevó una media hora volver a ordenar las páginas, pero no faltaba ninguna. Fue así que ese libro llegó a publicarse, así que estoy seguro de que Dios quería que lo publicara. No es un tema popular.

Estoy pensando en otro libro ahora. *Once Saved, Always Saved* (Una vez salvo, siempre salvo) fue escrito por un buen amigo mío, el Dr. R. T. Kendall, acerca de quien probablemente haya oído. Publiqué un libro con el mismo título, con el agregado de signos de interrogación en la segunda parte. Discrepamos en esto.

En mi breve libro sobre la Gracia, expliqué la gracia y la gracia salvadora. Allí señalé que hay dos visiones más sobre la gracia: una se llama gracia *soberana*, y la otra, gracia *gratuita*. Una cuestión en la que ambas visiones coinciden es en la frase "una vez salvo, siempre salvo", pero por motivos completamente diferentes. La "gracia soberana" dice que la gracia es irresistible. Lo forzará a ser salvo, y lo forzará a mantenerse salvo. Lo forzará al punto en que será completamente salvo, y usted no puede hacer nada al respecto. Dios ha decidido. Él lo ha escogido y, por lo tanto, será "una vez salvo, siempre salvo". La "gracia gratuita" también concuerda con esto. La "gracia gratuita" viene más de la escuela dispensacional, mientras que la "gracia soberana" viene de la iglesia calvinista o reformada. La "gracia gratuita" dice también que, cuando uno viene a Jesús, no solo todos los pecados pasados son perdonados sino todos los pecados futuros también. Por lo tanto, nada que haga usted puede detener el proceso de salvación. Haga lo que haga, ya está firmado, sellado y entregado. Usted es salvo.

Creo que mi cuestionamiento de la frase no es solo porque no se encuentra en la Biblia, sino que no estoy de acuerdo con la primera parte. Ese es mi problema. *Aún no soy una vez salvo*, así que aún no soy *siempre* salvo. Un día gritaré lo más fuerte que pueda: "¡Soy una vez salvo, así que soy siempre salvo!", pero aún no lo puedo decir. Cuando mi salvación sea completa, cuando el esposo de mi esposa sea perfecto, entonces gritaré: "¡Una vez salvo, siempre salvo!". Lo más importante (me voy a repetir bastante aquí) es lo que uno piensa que significa "salvo". En mi entendimiento, significa libre de todos los pecados, y ser exactamente lo que Dios quiso que fuera cuando me hizo; restaurado a la imagen perfecta de Dios. Dado que Cristo es la imagen perfecta de Dios, significa que seré realmente como Jesús. Ese es el objetivo de la salvación. Dios quiere restaurarnos.

Todo eso viene del principio mismo de la creación, porque una de las preguntas que tenemos que hacer es: "¿Por qué nos hizo Dios?". Es una pregunta muy importante. La respuesta es que ya tenía un Hijo, y lo disfrutaba tanto que quería una familia más grande. No puedo explicar de manera más sencilla por qué Dios lo creó a usted y a mí. Dios quería una familia más grande como su Hijo. Hasta tanto seamos como su Hijo, Dios no puede disfrutar plenamente de su familia. Su propio Hijo era tan fiable y obediente que, cuando nosotros también seamos perfectos en amor, podrá disfrutar plenamente la vida familiar con nosotros. Por eso hizo el mundo. Por eso nos hizo a nosotros. Usted puede entenderlo. Los padres que aman a su hijo por lo general quieren otro como el primero. Esa fue la intención de Dios en la creación. Cuando uno va a la otra punta de la historia, encuentra el otro extremo de ese propósito, porque encuentra que lo que Dios quiere es hacer un universo flamante que jamás conocerá el pecado, que nunca será contaminado, que nunca será arruinado por la guerra. Ha descartado este universo presente, y hará otro. Por lo tanto, si va a poner personas en ese universo, debe hacerlas perfectas antes. En caso contrario, será igual a éste.

Escuché una historia de un profesor que inventó un televisor que uno podía sintonizar con el futuro para ver lo que ocurriría. Reunió a las personas la primera vez para demostrar su nuevo televisor, y le pidieron que avanzara treinta años. Giró la perilla a treinta años, apareció la imagen, y todos dieron un grito ahogado. Toda la tierra estaba devastada. No había más que cenizas por todas partes, hasta donde llegaba la vista. Claramente había habido un holocausto nuclear, y todo había desaparecido. Las personas se quedaron mirando el televisor fijamente y entonces, para su sorpresa, las cenizas comenzaron a moverse apenas, y de las cenizas surgió un monito. Miró a su alrededor y dijo: "Lo han hecho, ¿no es cierto? Soy el único pedazo de vida que queda". Se sentó, sintiéndose muy triste y abatido cuando, de pronto, a solo unos metros, las cenizas volvieron a removerse y salió una pequeña monita. El mono pensó: "La vida no es tan mala". Se acercó a ella y la tomó con la pata, y dijo: "Mira lo que la gente ha hecho con nuestro mundo. No tendremos nada para comer". Ella le dijo: "Bueno, tengo algo. Pude salvar algo". Abrió su pata, y adentro había una manzanita. El mono la miró y dijo: "¡No empecemos todo eso de nuevo!".

Cuando miramos adelante, vemos un cielo nuevo y una tierra nueva, y nuevos habitantes, personas que nunca los arruinarán, un lugar donde no hay pecado ni tentación, y todo puede ser disfrutado al máximo. Esa es la idea de Dios. Él quería que el huerto del Edén fuera así, pero se arruinó muy rápidamente. Él lo volverá a hacer, pero esta vez está preparado para tomar personas que han arruinado su mundo y convertirlas en criaturas restauradas a la imagen de él, ahora perfectas y en condiciones de cuidar este mundo de manera perfecta. Es una gran idea, y ese es el futuro. Así que, sea que miremos el principio de la creación o el futuro de una nueva creación, vemos el plan y el propósito de Dios de punta a punta, de tener una familia más grande que le agrade y con quienes pueda tener una verdadera relación. Ese es el propósito de Dios.

Esa es la razón por la que quiero volver a subrayar que la salvación es *un proceso que requiere tiempo*. Es un proceso que toma personas viejas y pecaminosas como nosotros, convirtiéndonos en personas nuevas. Esto es porque Dios nos amó. Él podría haber dicho: "Voy a eliminar este mundo y voy a eliminar a todas las personas que están en él, y comenzaré de nuevo". Lo podría haber hecho. Casi lo hizo una vez, en el tiempo del diluvio de Noé. Eliminó a esa generación, pero salvó a una familia. Lamentablemente, una de las primeras cosas que hizo Noé cuando salió del arca fue emborracharse y exponerse ante su propio hijo. Toda la triste historia volvió a comenzar. Es casi como si Dios dijera: "Está bien, eso no funciona. Tengo un plan mejor". El plan era salvar a pecadores y convertirlos en santos, y luego hacer un mundo nuevo.

¿Se da cuenta de que la creación está volviendo a ocurrir,

pero en orden inverso? En la primera creación, Dios hizo los cielos y la tierra, y luego introdujo a las personas. Esta vez, está haciendo a las personas nuevas primero. Cuando tenga suficientes personas nuevas, hará un cielo nuevo y una tierra nueva a lo último. Estamos ahora en la segunda semana de la creación. Dios ha vuelto a trabajar, y está volviendo a crear. Dicho sea de paso, esa es la razón por la que adoramos el domingo, y no el sábado. Los judíos adoran el sábado, para celebrar el final de la vieja creación. Nosotros adoramos el domingo, para celebrar el principio de una nueva creación.

¿Una vez salvo, siempre salvo? ¿Qué significa ser "una vez salvo"? Ya le he dicho que significa ser perfecto. Significa ser la persona que Dios quiso que fuera. Es algo que le requerirá a él y nos requerirá a nosotros tiempo. Las tres etapas de la salvación son: cuando somos liberados de la *penalidad* del pecado, que llamamos "justificación", cuando somos liberados del *poder* del pecado, que llamamos "santificación", y cuando somos liberados de la *posibilidad* del pecado, que llamamos "glorificación". Esos son los tres pasos que Dios desea, y *todos ellos constituyen la salvación.* Uno no puede decir "Soy una vez salvo" hasta que haya logrado los tres. Posiblemente coincida con el regreso del Señor a la tierra. Hay un versículo en Hebreos que dice que Jesús aparecerá una segunda vez, no para tratar con el pecado sino para traer salvación a quienes lo están esperando a él. Y yo lo estoy esperando. Eso es futuro, y yo estoy esperando mi salvación. Anhelo ser salvado. Será en ese momento que gritaré: "¡Una vez salvo, siempre salvo!", cuando la obra esté completa. Si usted lo dice antes que ese momento, entonces pensará que la obra ha terminado. Cuando uno usa el verbo "salvar" solo en el tiempo pasado, mirando hacia atrás, y dice "Fui salvo en ese momento", está hablando como si estuviera terminado, como si estuviera todo completo. Yo enseño a las personas que nunca deben decir: "Fui salvo en ese lugar y en ese momento", sino: "*Comencé* a ser salvo en ese lugar y en ese momento". ¡Qué diferencia hace a lo que uno piensa cuando dice esto!

Yo comencé a ser salvo en 1947. Sin embargo, es obvio para cualquiera que me conoce que mi salvación aún no está completa, especialmente para mi esposa. Ella sabe que no llegué aún, pero sabe que no soy lo que era. Me encanta el hombre que oró: "Señor, no soy lo que debería ser. No soy lo que seré. Pero, ¡alabado sea el Señor! ¡No soy lo que era!". Es ahí donde estamos todos. No estoy donde debería estar aún. No soy lo que seré, pero ¡alabado sea el Señor que no soy lo que era! Ese es el proceso de salvación que está realizando Dios. Está haciendo una buena obra en mí, y completará la obra que ha comenzado, siempre y cuando yo coopere con él.

La pregunta es: ¿puedo interrumpir el proceso de la salvación? ¿Puedo demorarlo? ¿Puedo detenerlo por completo? O, como suele preguntar la gente: "¿Puedo perder mi salvación?". Bueno, si uno no la tiene toda, no la puede perder toda, pero ha *comenzado* a ser salvo. ¿Puede uno perder eso, o es automático e inevitable que se completará?

Note que cada vez que las escrituras hablan acerca de la finalización del proceso, hay una expresión, no de certeza sino de confianza. Pablo, cuando escribe a los filipenses, dice: "Tengo confianza que el Señor que comenzó una buena obra en ustedes la completará contra ese día.". La carta a los Hebreos hace lo mismo. Luego de dar una solemne advertencia de que quienes se echan atrás no podrán volver, porque no pueden arrepentirse, agrega: "Pero tengo confianza que esto no les ocurrirá a ustedes. Ahora bien, *no* dice: "Estoy *seguro* de que no ocurrirá". Dice: "Tengo mucha confianza de que, en el caso de ustedes, la tarea será completada". Tenemos que notar esa palabra: *confianza*. No es la palabra "seguro". Su significado es: Tengo mucha esperanza de que, en el caso de ustedes, se completará.

Tendríamos que estudiar un poco más la Biblia y mirar algunos de los pasajes que enseñan que el proceso de salvación puede ser interrumpido y demorado, y aun detenido por completo, de forma que nunca se complete. ¿Lo encuentra usted en la Biblia? Hay ochenta diferentes pasajes en el Nuevo Testamento que le advierten que no permita que el proceso se detenga. Cada escritor del Nuevo Testamento tiene una advertencia a los cristianos de que no pierdan lo que han encontrado en Cristo. Para mí, ¡ochenta es suficiente!

Es raro que los predicadores enseñen esos pasajes de advertencia. Nos encantan los textos que nos dan seguridad acerca del futuro. Nos encantan textos como "estoy convencido de que ni la muerte ni la vida, ni los ángeles ni los demonios, ni lo presente ni lo por venir, ni los poderes, ni lo alto ni lo profundo, ni cosa alguna en toda la creación podrá apartarnos del amor que Dios nos ha manifestado en Cristo Jesús nuestro Señor". Eso está al final de Romanos 8, y uno escucha que este pasaje es citado vez tras vez. Lo que no señalan los predicadores es que falta una cosa de la lista de cosas que no pueden separarnos del amor de Dios, que es *uno mismo*. ¿Lo notó? Cuando Jesús dijo: "Nadie puede arrebatarlos de mi mano", no dijo que uno no puede saltar de su mano. Todas esas listas de cosas que no pueden impedir que nos mantengamos en el amor de Dios no lo incluyen a uno mismo; ni una sola. Es un consuelo saber que nada y nadie más puede detener el proceso de la salvación, pero *usted* puede hacerlo. Esto que estoy enseñando aquí es algo serio.

Invariablemente, las escrituras equilibran el cuadro, y cuando hay un versículo así, uno encontrará, no demasiado lejos, otro versículo que dice algo bastante diferente. Uno de los pasajes de esos ochenta en el Nuevo Testamento está en Romanos 11: "Pero, si no te mantienes en su bondad, tú también serás desgajado", como fueron desgajados muchos de los judíos. Esto está solo una página después de esa maravillosa declaración en Romanos 8. Este es el problema de nuestras Biblias. Dios no puso los números de los capítulos y versículos. Por lo tanto, uno no puede citar referencias si tiene una Biblia sin números de versículos y capítulos. ¿Sabía que se ha publicado una Biblia así? Uno puede conseguir ahora la versión New International Version sin números de capítulos y de versículos. Un amigo mío, un profesor de derecho en una universidad en Malibu, California, produjo esa Biblia sin números de capítulos y de versículos. Espero que consiga una copia, porque tendrá que conocer la Biblia un poco mejor. Para encontrar algo en la Biblia uno tiene que conocer el contexto, y tiene que leer el contexto. Uno no puede sacar un texto como una especie de prueba para una doctrina. Tiene que tomar el texto en su contexto.

He notado, en la Biblia, que cada vez que hay un versículo que dice que Dios puede guardarnos, hay otro que nos dice que tenemos que guardarnos nosotros mismos. ¡Qué equilibrio! Tome la cartita de Judas. Al final de la carta dice: "Dios puede guardarlos para que no caigan, y establecerlos sin tacha y con gran alegría ante su gloriosa presencia". Dios puede, pero solo tres versículos antes de esa maravillosa promesa, hay otro versículo que dice: "manténganse en el amor de Dios". Ahí está el equilibrio, y si uno solo cita uno de estos dos versículos, pierde el equilibrio. Tome las cartas de Pablo a Timoteo. En un versículo dice: "Él puede guardar lo que le he encomendado". Si usted lee solo ese versículo, no leerá el versículo compañero, aproximadamente en la misma hoja, que dice: "He guardado la fe". Mantenerse es una cooperación entre usted y Dios. Él puede guardar y usted debe guardar.

Este equilibrio está en todas partes en las escrituras, pero si uno solo cita un texto se queda con un balance de un solo lado: desequilibrio. Cada vez que lea acerca del poder capaz de guardar de Dios encontrará una exhortación para que usted se guarde. Al mantenernos en el amor de Dios, él guarda lo que le hemos encomendado. Ese es el equilibrio. Esa es toda la verdad, y no una peligrosa media verdad. Así que tenemos la responsabilidad de seguir cooperando con Dios, de seguir creyendo en él, de seguir respondiendo a su bondad, de seguir hasta el final y resistir. Son los que resisten hasta el final quienes son salvos. En otras palabras, dicho sin rodeos: *No son quienes empiezan la vida cristiana lo que son salvos, sino los que terminan en fe.* ¡Qué lección! Hay muchísimas personas que empiezan, pero no finalizan. El Nuevo Testamento está lleno de advertencias para quienes comienzan y no terminan. La fe es una relación continua de confianza y obediencia. Mientras nosotros guardemos la fe, él nos guardará a nosotros.

Miremos un par de pasajes entre esos ochenta que dicen esta clase de cosas. Ya mencioné Romanos, pero comencemos por los Evangelios. ¿Qué dice Juan 15? "Yo soy la vid verdadera", dijo Jesús, "y mi Padre es el jardinero. Él corta toda rama en mí que no da fruto, mientras que toda rama que da fruto él lo poda completamente para que sea aún más fructífera. Ustedes ya están limpios por la palabra que les he hablado". Ahora dice: "Permanezcan en mí y yo permaneceré en ustedes". Nuevamente el equilibrio. "Permanezcan en mí, y yo permaneceré en ustedes". Pero la advertencia subyacente es: "Si no permanecen en mí, yo no permaneceré en ustedes". Ahí está. Entonces, ¿qué ocurrirá si no permanecemos? "Ninguna rama puede dar fruto por sí sola. Debe permanecer en la vid. Tampoco ustedes pueden dar fruto a menos que permanezcan en mí. Yo soy la vid; ustedes son las ramas. Si un hombre permanece en mí y yo en él, dará mucho fruto. Aparte de mí ustedes no pueden hacer nada". Ahora viene la advertencia: "Si alguien no permanece en mí, es como una rama que es tirada y se marchita. Estas ramas son tomadas, son arrojadas al fuego y son quemadas. Si ustedes permanecen en mí y mis palabras permanecen en ustedes, pidan lo que quieran, y se les dará. Esto es para la gloria de mi Padre, que ustedes den mucho fruto, demostrando que son mis discípulos". Aquí está muy claro. "Ustedes permanecen, ustedes se quedan, ustedes viven en mí, y yo permaneceré en ustedes, y produciremos fruto juntos".

Permítame decir esto muy claramente: la vida eterna no está en mí, sino en Cristo. Y si permanezco en Cristo, tengo vida eterna. Él no me ha dado la vida eterna. Sigue estando en él, como dice Juan en otra parte: *Esta vida está en el Hijo*. Yo no tengo la vida eterna en mí, pero la tengo en Cristo. Una rama no tiene vida en sí misma. La vid tiene la vida, y si una rama permanece en la vid, seguirá viviendo. Pero si la rama es cortada, morirá. Así que yo tengo vida eterna en Cristo. No la tengo en David Pawson. Si permanezco en Cristo, sigo teniendo vida eterna.

Eso es lo que dice Juan 3:16, en realidad: "Porque de tal manera amó Dios al mundo, que ha dado a su Hijo unigénito, para que todo aquel que en él siga creyente, no se pierda, mas siga teniendo vida eterna". [Mi traducción – el original griego tiene todos esos verbos en el tiempo presente continuo.] Ahí está. Si usted permanece en Cristo, tiene vida. Pero si no lo hace, morirá. Las ramas muertas se recogen y son arrojadas al fuego. Ahora este es solo un pasaje, que está en el mismo Evangelio donde leemos que Jesús dice: "Conozco a mis ovejas, y nadie las sacará de mi mano". Uno necesita equilibrar la idea con este pasaje, y tomar toda la verdad en conjunto. Todo el Evangelio le dirá toda la verdad.

Permítame ir a Romanos ahora. Ya he citado ese

maravilloso versículo: "En todo esto somos más que vencedores por medio de aquel que nos amó. Pues estoy convencido de que ni la muerte ni la vida, ni los ángeles ni los demonios, ni lo presente ni lo por venir, ni los poderes, ni lo alto ni lo profundo, ni cosa alguna en toda la creación podrá apartarnos del amor que Dios nos ha manifestado en Cristo Jesús nuestro Señor". Una maravillosa promesa. Pero dé vuelta la hoja, y leamos el capítulo 11, donde Pablo está hablando a los creyentes gentiles acerca de los judíos. Señala que no todos los judíos lo lograron. De hecho, de los dos y medio millones de judíos que salieron de Egipto, dos lograron entraron en la Tierra Prometida. Pablo, en una de las cartas a los corintios, dice que esta es una lección que debemos aprender. Salir de Egipto es solo el principio. Entrar en Canaán era el fin de la redención para ellos, pero la mayoría nunca lo logró. Dice que es una advertencia para nosotros. No se trata de salir, sino de entrar. No se trata de empezar, sino de finalizar. Eso es lo que importa.

Así que, luego de haber hablado de algunos de los judíos, muchos de los cuales fueron separados del pueblo de Dios de una forma u otra, dice, en el versículo 18: "No se jacten acerca de esas ramas. [Los judíos que fueron separados.] Si lo hacen, consideren esto: ustedes no sustentan la raíz, sino que la raíz los sustenta a ustedes. Dirán entonces: 'Hubo ramas que fueron cortadas para que yo pudiera ser injertado'. De acuerdo. Pero fueron cortadas por su incredulidad, y ustedes permanecen por fe. No sean arrogantes, sino temerosos. Porque si Dios no perdonó a las ramas naturales, no los perdonará a ustedes tampoco. Consideren entonces la bondad y la severidad de Dios. Severidad para con los que cayeron, pero bondad para con ustedes, siempre que continúen en su bondad. En caso contrario, ustedes serán cortados".

Está hablando acerca de los judíos a creyentes gentiles en Jesús. Dice que ellos fueron cortados, pero que eso no los haga arrogantes o seguros, porque Dios tratará con ustedes de la misma forma que trató con ellos. Él es el mismo Dios, y si ustedes no continúan en su bondad, ustedes también serán cortados. No creo que uno puede torcer estas palabras. Pueden tener un solo mensaje, y es que nosotros no estamos más seguros que lo que fueron los judíos, si no seguimos confiando en Dios.

Este es un pasaje serio. ¿Cuántas veces ha escuchado citado por predicadores? El gran problema con todos los predicadores es que escogemos los versículos de nuestras prédicas, y no los predicamos todos. Los seleccionamos, y si no tenemos cuidado, seleccionamos lo que les gusta escuchar a las personas, los textos de consuelo. Y mantenemos en silencio los otros. Creo que deberíamos predicar toda la Biblia, toda la Palabra de Dios, todo el consejo de Dios. De hecho, Pablo dijo a los efesios cuando partió de Éfeso: "Ustedes saben cómo les he enseñado. Les he declarado todo el consejo de Dios, toda la verdad".

En Hebreos 6 dice, de hecho, que si uno se aleja de Cristo después de haber pertenecido a él, no hay ningún arrepentimiento posible, no hay vuelta atrás. Algunos cristianos me han preguntado: ¿Cuánto tiene que apartarse uno para no poder volver?". Digo: "Es una pregunta peligrosa; no corra el riesgo siquiera". Había una señora rica en Inglaterra que puso un aviso para que un chofer manejara su Rolls Royce. Preguntó a cada postulante: "¿Cuán cerca podría manejar hasta el borde del precipicio sin que el coche se desbarranque?". Un postulante dijo: "Bueno, yo llegaría a unos dos metros del borde". Otro dijo: "Yo llegaría hasta un metro". Pero un postulante dijo: "Señora, usted es tan valiosa que no me acercaría al borde de un acantilado", y consiguió el trabajo. Preguntar cuánto uno tiene que apartarse para llegar al punto de no retorno es jugar con fuego. Es alguien que dice: "¿Cuán cerca puedo llegar sin caerme?". Es la pregunta equivocada. Ni siquiera se acerque. No se aparte, porque está bastante claro, a partir de la enseñanza de la Biblia, que *hay* un punto de no retorno. No sé cuál es ese punto. Solo Dios lo sabe. Pero no corra el riesgo. Ni siquiera piense cuánto tiene que apartarse. Manténgase ahí mismo con Cristo.

Ya he notado que el capítulo 6 de Hebreos dice: "aun cuando hablamos así, queridos amigos, tenemos confianza de mejores cosas en el caso de ustedes". Si bien les está dando una advertencia de un punto de no retorno, dice: "Tengo confianza..." No seguridad. Tengo confianza de que no se acercarán siquiera a ese punto. Pero la paciencia de Dios puede agotarse, y tenemos que recordarlo.

Vayamos al capítulo 10, donde para mí hay una advertencia mucho más seria, aunque muchas personas no lo hayan notado. El versículo 26 dice: "Si después de recibir el conocimiento de la verdad pecamos obstinadamente, ya no hay sacrificio por los pecados. Solo queda una terrible expectativa de juicio, el fuego ardiente que ha de devorar a los enemigos de Dios. Cualquiera que rechazaba la ley de Moisés moría irremediablemente por el testimonio de dos o tres testigos. ¿Cuánto mayor castigo piensan ustedes que merece el que ha pisoteado al Hijo de Dios, que ha profanado la sangre del pacto por la cual había sido santificado, y que ha insultado al Espíritu de la gracia? Pues conocemos al que dijo: 'Mía es la venganza; yo pagaré'; y también: 'El Señor juzgará a su pueblo'. ¡Terrible cosa es caer en las manos del Dios vivo!". Unos versículos más adelante dice: "Así que no pierdan la confianza".

Ahora bien, esta es una palabra seria. Preste mucha atención. Si usted sigue pecando deliberadamente después de haber recibido el conocimiento de la verdad, ni siquiera la cruz de Cristo está disponible. El autor se está haciendo eco del libro de Levítico. Todos los sacrificios en Levítico eran para pecados accidentales, pecados no intencionales en las que uno había caído, pero sin quererlo. Entonces uno traía un sacrificio por el pecado no intencional. Pero aquí estamos tratando con alguien que, deliberadamente, sabiendo lo que estaba haciendo, teniendo el conocimiento de la verdad, sigue viviendo de la misma forma. Por lo tanto, se separa por decisión propia de la eficacia de la cruz. Es una advertencia seria.

Considere un pasaje más: 2 Pedro 2:20-22. "Si, habiendo escapado de la contaminación del mundo por haber conocido a nuestro Señor y Salvador Jesucristo, vuelven a enredarse en ella y son vencidos, terminan en peores condiciones que al principio. Más les hubiera valido no conocer el camino de la justicia que abandonarlo después de haber conocido el santo mandamiento que se les dio. En su caso ha sucedido lo que acertadamente afirman estos proverbios: 'El perro vuelve a su vómito', y 'la puerca lavada, a revolcarse en el lodo'". Me pregunto si alguna vez escuchó un sermón sobre ese pasaje, donde se diga: "Si, habiendo escapado del mundo al saber que Jesús es su Salvador, luego vuelve a la vieja forma de vivir, está peor que si nunca hubiera conocido el camino de la salvación". Ahora bien, si apartarse simplemente le quitara a uno su recompensa en el cielo, pero igual podría ir allí, francamente no está peor que antes. Este pasaje dice que uno está peor. Haber comenzado la vida cristiana y haber escapado del mundo, para luego volver a él, significa que uno está peor porque ahora es más responsable. Ha conocido el camino de la salvación, y ahora le ha dado la espalda. Sabía lo que había hecho para usted.

Esta es una advertencia muy seria, que debemos notar en las escrituras, la Palabra de Dios. Las personas que han comenzado y han conocido la libertad en Cristo, la libertad del pecado que él ofrece, y luego vuelven atrás, tienen la característica de los perros, cuando vomitan y vuelven a lamer el vómito. Conozco los criadores de cerdos. Sé cómo son los cerdos. Si se los cuida adecuadamente, los cerdos son unos de los animales más limpios de la granja. Pero si no se los cuida bien, les encanta volver atrás. Cuando uno los ha lavado y limpiado, tal vez para una exposición agrícola, y se ven rosaditos y lindos, si los pone cerca del barro se meterán en él. Pedro dice acá que uno está peor que si nunca hubiera sabido, lo cual no significa que igual irá al cielo pero perderá alguna recompensa. Significa que no irá al cielo. Ha conocido la libertad que puede traer Cristo, y ahora le ha dado la espalda.

¡Podría llevarlo a ochenta pasajes en el Nuevo Testamento como estos! Un pasaje para cada escritor del Nuevo Testamento contiene una advertencia como ésta en alguna parte. Si lee los Evangelios, Jesús dio esa advertencia más de una vez. Cuando contó la parábola del sembrador, dijo que es posible recibir la palabra del reino, que comience a crecer en usted y luego que se vea ahogada por los cuidados de este mundo. Advertencia tras advertencia en las escrituras, que ignoramos bajo nuestro propio riesgo.

"David, ¿estás intentando asustarnos?". Sí, porque el temor del Señor es el principio de la sabiduría. El Nuevo Testamento no deja el temor del Señor atrás, en el Antiguo Testamento. Está ahí también, en el Nuevo Testamento. ¿Qué tenemos que temer del Señor? La respuesta es el "infierno". Cuando escribí ese libro sobre el infierno, dije en él: "Yo temo el infierno". No soy uno de esos predicadores que dicen: "Ustedes, los incrédulos, irán al infierno, pero yo iré al cielo. A mí no me importa, porque yo estoy bien". Yo no puedo predicar así. Solo puedo predicar sobre el infierno porque temo ir ahí yo mismo. Temo, como dijo Pablo, "no sea que, después de haber predicado a otros, yo mismo quede descalificado". Es un temor muy saludable.

Cuando criamos tres hijos, quisimos enseñarles un temor

saludable, no una fobia. Una fobia es cuando el temor lo paraliza, y lo domina de tal forma que no puede moverse, no puede hacer nada. Queríamos que nuestros tres hijos tuvieran temor del tráfico en las calles. Queríamos que tuvieran un temor sano. No les dimos bicicletas hasta que tuvieran ese temor saludable del tráfico. Una de nuestras hijas estuvo involucrada en un accidente muy serio. Ella escapó, pero los demás no. Les enseñamos a tener un temor saludable, temor a la suciedad, temor a la infección, pero un temor saludable. Se convierte en una fobia si sus hijos no andan en bicicleta en la calle. Pero con un temor saludable pueden hacerlo. Usted enseñó a sus hijos un temor saludable, y la Biblia también lo hace. Hay un temor saludable del Señor. Está relacionado con el temor a su juicio, el temor al rechazo final. Es un temor saludable, y necesitamos más de él.

Si hay una cosa que echo de menos en muchas iglesias a las que concurro es el temor del Señor. Hay una especie de "compinchería" con Dios que es muy perturbador. Un joven me dijo: "Nosotros adoramos al Dios Todoamigo en nuestra iglesia". Me temo que esto resume mucha de la adoración, como si estuviésemos en una fiesta con Dios, y él es un gran tipo, y nos estamos divirtiendo con él. "¡Terrible cosa", dice el autor de Hebreos, "es caer en las manos del Dios vivo!". He escuchado a predicador tras predicador torcer ese versículo para que diga: "Es una cosa terrible caer fuera de las manos de Dios". Podría ser cierto, pero en el versículo dice: "Es una cosa terrible caer en las manos del Dios vivo". En ocasiones he predicado en iglesia donde las personas han temblado en la presencia de Dios.

Un grupo de cristianos que temblaba ante Dios eran llamados cuáqueros[1], porque literalmente temblaban en sus reuniones, al darse cuenta de que el Dios Todopoderoso estaba presente. Ahora se los llama la Sociedad Religiosa

---

[1] En inglés, Quakers (tembladores). El verbo *quake* significa 'temblar'.

de Amigos. La palabra "cuáqueros" cayó en desuso, pero fueron los primeros cuáqueros de donde yo vivía, en Buckinghamshire, Inglaterra, quienes salieron y establecieron Pennsylvania, en Estados Unidos. Fue un hombre llamado Penn, de una aldea cercana a donde vivíamos en Inglaterra que salió y llevó el cuaquerismo a unos de los estados del noreste de Estados Unidos. William Penn, Pennsylvania. Era un cuáquero. Pertenecía a gente que estaba muy consciente de la presencia de Dios. Pablo dice: "lleven a cabo su salvación con temor y temblor, porque Dios está obrando en ustedes". ¿Cuándo fue la última vez que vio a alguien llevando a cabo su salvación con temor y temblor porque el Dios Todopoderoso estaba haciendo algo en esa persona?

Simplemente lo comparto. Estoy enfatizando ahora un lado de las cosas, pero es el lado que ha sido ignorado, porque es el lado que a la gente no le gusta oír. Prometí al Señor, cuando empecé a predicar: "Señor, quiero dar a la gente lo que necesita escuchar, no lo que quieren escuchar". Porque me importa la gente a la que predico. Quiero darle a usted lo que necesita escuchar, y estas son las cosas que necesita escuchar. Ahora, por supuesto, esto plantea un montón de preguntas relacionadas con la seguridad, así que permítame tratar este tema. "¿Quiere decir, David, que no podemos estar seguros de la salvación, que no podemos estar seguros del amor de Dios? ¿Quiere decir que tenemos que despertarnos cada mañana preguntándonos si estamos todavía adentro o afuera?". No, eso es neurótico. Yo no me levanto cada mañana preguntando: "¿Soy salvo o no?" o "¿Seré salvo o no?". Dios quiere que estemos seguros de él, seguros de su propósito en nosotros.

El Nuevo Testamento está lleno de promesas reconfortantes para darle seguridad, pero muchos cristianos con los que hablo están basando su seguridad en la cosa equivocada.

Quieren una garantía escrita en la Palabra de Dios que les dé seguridad. Es que *muchas personas no quieren ser salvadas, pero quieren estar seguras*. ¿Sabe a qué me refiero? Vienen a la fe como si estuvieran sacando una póliza de seguro. Se les ha preguntado: "Si muere esta noche, ¿estará en el cielo o en el infierno?". Como no quieren estar en el infierno, sacan una póliza de seguro de vida. La Biblia les asegura que están seguras. Uno no está seguro hasta que llegue, pero puede estar seguro de que está en camino, porque nuestra seguridad no está basada en las promesas de las escrituras. Los primeros cristianos no tenían las escrituras, así que no basaban su seguridad en las escrituras. La seguridad está basada en el Espíritu; no en las escrituras, sino en el Espíritu. Es el Espíritu mismo que da testimonio de que somos hijos de Dios y, mientras andemos en el Espíritu, estaremos seguros de dónde iremos. Tan pronto usted no esté andando en el Espíritu y comience a andar por su propio camino, perderá su seguridad. Es así como sabe que está saliéndose del camino de Dios. Mientras se encuentre en el camino de la salvación y el Espíritu lo esté guiando, tendrá un testimonio en su espíritu de que está camino al cielo, y que mientras se mantenga en el camino, lo llevará ahí. Lo estoy expresando de una manera muy sencilla. Es como si el GPS le estuviera diciendo: "Está en el camino correcto. Manténgase en este camino y llegará de manera segura". Ese es el tipo de seguridad que le ofrece la Biblia. Es una seguridad del Espíritu Santo. Él es la fuente de mi seguridad y, si contristo al Espíritu, la primera cosa que desaparece es mi certeza, mi seguridad de que estoy en el camino correcto.

Este es mi entendimiento de la seguridad. Y el testimonio del Espíritu será confirmado por el testimonio de mi conciencia. Si lee la primera carta de Juan, verá que aparece muchas veces la frase "para que sepan", y apunta primero al Espíritu. ¿Cómo sabemos? Porque nos ha dado su Espíritu.

Ahí está. ¿Cómo sabemos? Porque nuestra conciencia testifica que estamos viviendo una vida nueva. Los dos testimonios, del Espíritu en nosotros y la conciencia en nosotros, harán que estemos muy seguros de que estamos en el camino al cielo. Ese es mi entendimiento de la seguridad, y no la clase de deducción a partir de un texto que dice: "la Biblia lo dice, yo lo creo, asunto concluido". Eso no es una garantía. No es la seguridad que se nos ofrece. No hay ninguna seguridad absoluta de que lo logrará, pero de todos modos puede estar muy seguro de estar en el camino de la salvación que conduce al cielo.

Esa es una pregunta que me hacen cuando hablo de ser salvo y estar seguro de ser salvo. Note que no digo: "Estamos seguros de que hemos sido salvados", sino "Estamos seguros de que estamos siendo salvados". Sabemos en nuestro corazón, a partir de la conciencia y el Espíritu en nuestro interior. Estoy en el camino, y llegaré ahí si me mantengo en este camino. Es esa palabrita: *si*. Subráyela en la Biblia, cada texto que tiene la palabra "si". Por ejemplo, al principio de 1 Corintios 15, encontramos que Pablo describe los elementos esenciales de la fe cristiana. Hay tres: la muerte de Cristo, la sepultura de Cristo y la resurrección de Cristo. Estos son los tres elementos fundamentales de la fe. Dice: "Este es el evangelio que les prediqué, que ustedes recibieron y en el cual se han afirmado. Mediante este evangelio ustedes están siendo salvados, *si* se aferran a la palabra que les prediqué".

Ese es uno de los versículos con la palabra "si", y podría citar muchos más que contienen esa palabrita. Dice "si", y siempre está seguida por una exhortación a no aflojar, a aferrarse firmemente, a seguir adelante. Usted está en una carrera, y no sirve de nada decir: "He comenzado la carrera, así que tengo garantizado que la terminaré". No, sigue adelante hasta el final de la carrera, y llega al final de la carrera. Es lo que hizo Jesús. Aun cuando le ocurrieron las peores cosas, siguió adelante. A pesar de la vergüenza a la que fue sometido, siguió adelante, salió adelante y terminó. Pudo decir, en la cruz: "Está terminado".

Recibí una profecía muchos años atrás, cuando no estaba muy seguro acerca del futuro. Era alrededor del año 1980. Yo era el pastor de una iglesia "exitosa" en Inglaterra, y las cosas iban muy bien. Sabía que la iglesia tenía que avanzar, entrar en la década del 80, pero no podía ver mi propio lugar en ella. Fui a un retiro con unos cien pastores, y dije: "Señor, por favor dime esta semana si seguiré liderando esta iglesia, o si tienes otra cosa para que haga". Ahí estaba yo. Por lo general, un pastor en esa situación, que ha construido un edificio nuevo, querría quedarse ahí el resto de su vida. Pero yo quería hacer lo que quería el Señor.

Uno de los oradores de ese retiro, cuando terminó de hablarnos, dijo: "Tengo una palabra del Señor para cuatro hombres aquí. No sé quiénes son, pero ustedes sabrán si son uno de los hombres a los Dios quiere hablar". Dio tres palabras del Señor, ninguna de las cuales tenía ningún sentido para mí. Luego dijo: "Mi hijo, has ministrado a la medida de tu don en el lugar donde te he puesto ciertamente. Ya no estás restringido a quedarte en ese lugar. Pongo la tierra delante de ti, pero hay una cosa que requiero de ti: que entregues todo lo que falta hacer en esa iglesia en mis manos, porque es mi iglesia, no la tuya". Cada palabra de esa profecía estaba atravesando mi corazón. Terminó diciendo: "Quiero que salgas a servirme de tal forma que un día podrás mirarme a la cara y decir: 'Señor, lo hicimos'".

¡Una palabra hermosa! Llevé una grabación a casa, para que la escucharan los ancianos de la iglesia. Dije: "Se los entrego. Creo que era para mí, pero ustedes tienen que evaluarlo y juzgarlo. No responderé a eso a menos que ustedes lo confirmen". Los ancianos volvieron después y me dijeron: "Creemos que es del Señor. Te dejaremos ir".

Salí hacia lo desconocido. Sin embargo, en dos años había hablado en doscientas ciudades y pueblos de Gran Bretaña, y he estado viajando desde entonces. Soy un vagabundo para el Señor, pero es algo que ha seguido. Aquí estoy. Creo en la voluntad de Dios, pero le diré esto: no es aburrido servir al Señor, pero es cansador. Pero creo que estoy haciendo lo que Dios quería que hiciera.

La otra pregunta que me han hecho frecuentemente es: ¿cómo puede usted estar seguro? ¿Cómo puede tener seguridad bajo lo que usted está enseñando? He dicho que creo que uno puede tener seguridad, pero no es el tipo de garantía escrita que la gente quiere. Es una seguridad interior del Espíritu Santo, y su conciencia le dice que está en al camino correcto, que conduce al cielo. Si se mantiene en ese camino, lo logrará, llegará ahí.

Otra pregunta que me hacen es sobre la *predestinación*. Ahora bien, es una palabra que está en las escrituras. Creo en la predestinación de Dios, pero las personas dicen: "Si Dios ha predestinado algo para usted, sin duda deberá ocurrir". No, creo que este es un entendimiento incorrecto de la palabra "predestinación", tratándola igual que "predeterminación", que es una palabra muy diferente. Lamentablemente, muchos no ven la diferencia. Predeterminar algo es hacer que ocurra, forzar que ocurra. Ocurrirá si está predeterminado. Pero Dios no predetermina, sino predestina.

¿Qué es la predestinación? Es preparar un destino para alguien. Puedo darle una ilustración muy sencilla. Yo crecí con la ambición de ser un granjero. Cuando terminé la escuela, a los dieciséis años, fui a una granja y trabajé en ella. Tal vez no lo crea, pero acostumbraba levantarme a las cuatro de la mañana para ordeñar noventa vacas. No podría hacerlo ahora, pero es ahí donde obtuve mi tez, ¡trabajando al aire libre!

Bueno, disfrutaba de trabajar en la granja, y pensaba:

"¿Adónde me llevará esta carrera?". Un día, mi padre me llamó a su estudio, porque era un profesor de agricultura en la universidad. Me dijo: "David, sé que has querido ser un granjero, y estoy compartiendo esto contigo ahora. Cuando cumplas veintiún años, he arreglado que arriendes una granja para ti". Estaba tremendamente agradecido con él por haberlo pensado, pero le dije: "Lo lamento. No puedo hacerlo, porque hace unas semanas mi Padre celestial me dijo que fuera un predicador". Había ocurrido de la siguiente forma. Ya estaba predicando, pero no en iglesias, sino al aire libre, en la playa, en las filas de cines, donde hubiera personas reunidas. Mi púlpito era un viejo Jeep americano. Lo estacionaba y me paraba atrás para predicar. Solo quería que el mundo conociera a Jesús.

Así que llegó al punto que una mañana le dije al Señor: "Si me dices para las doce de hoy lo que quieres que sea, predicador o granjero, seré lo que tú quieres que sea". Todos mis antepasados habían sido predicadores, granjeros, o ambas cosas, tan atrás como John Wesley. Dije: "Dime para el mediodía de hoy, y haré lo que tú quieres". Ese es el tipo de guía que he encontrado muy útil, y no hago nada a menos que Dios me lo diga claramente. Es su responsabilidad guiarme. No es mi responsabilidad intentar leer su mente. Es lo que pienso acerca de la guía. Le dije al Señor: "Si me dices claramente lo que quieres que haga, lo haré. Si me dices claramente adónde quieres que vaya, allí iré. Si me dices claramente qué decir, lo diré. Pero tú eres mi jefe, y tienes que decirme. Entonces sabes que lo haré". He guardado mi lado del trato, y él ha guardado el suyo. Es su responsabilidad.

¿A quién de ustedes, cuando va al trabajo el lunes a la mañana, se le acerca el jefe y le dice: "Adivina lo que quiero que hagas hoy"? No, si el jefe quiere que haga algo el lunes a la mañana, vendrá y se lo dirá. Si no lo hace, usted supone que quiere que haga el lunes lo que hizo el viernes, y que siga a partir de donde dejó. No se mueva hasta que el Señor se lo diga claramente. Siga haciendo lo mismo hasta que le diga claramente: "Cambia de trabajo, cambia de lugar", lo que sea. He encontrado que esto es importante. Demasiados cristianos se ponen en el lugar donde tiene que recibir guía y tienen que hacer algo, y averiguar de alguna forma, torciendo el brazo de Dios hasta que le diga lo que quiere que hagan. No cambie nada hasta que él le diga. Luego cambie. Funciona maravillosamente. Si se pone impaciente y deja su trabajo, o deja el lugar donde está y luego trata de encontrar otra cosa que el Señor quiere que haga, estará en problemas. No se mueva hasta que el Señor diga: "Muévete".

Así que esa mañana dije: "Señor, si quieres que sea un predicador, un granjero o ambas cosas, dímelo para hoy al mediodía". A las diez y media estaban tomando un café con un amigo, que también estaba trabajando en una granja, y me miró y me dijo: "David, no terminarás detrás de un arado. Terminarás en un púlpito".

Dije: "Señor, eso no es suficientemente claro". Dejé a mi amigo, salí a la calle, en la ciudad de Newcastle, al noreste de Inglaterra, y podría llevarlo prácticamente a la misma piedra sobre la que estaba parado cuando me encontré con un pastor metodista retirado que no había visto por muchos años. Le dije: "Sr. Scott, es hermoso volver a verlo. ¿Cómo anda?". No contestó. Simplemente dijo: "David, ¿por qué no estás en pastorado?". Le dije: "Eso es suficientemente claro, Señor".

De modo que nunca recibí la granja que mi padre me había preparado. Pero si la hubiera tomado siempre podría haber dicho: "Mi padre me predestinó para ser un granjero aquí". ¿Entiende lo que digo? Él no lo predeterminó. De hecho, dije no. Pero si hubiera dicho sí, podría haber hablado de predestinación: lo que mi padre había decidido de antemano que fuera mi destino. Eso es lo que significa la predestinación. No significa que Dios me trata como un títere y me predetermina para hacer algo. Cuando acepto su plan, que es mucho mejor que el mío, puedo decir: "Él predestinó". Él preparó el plan. Yo lo acepté, y ahora sé que, mucho antes de que lo hubiera aceptado, él lo había planeado todo.

Cuando miro atrás a mi vida, no estoy orgulloso de muchas cosas. Tengo cosas de las que me arrepiento. Pero su plan para mí ha sido completamente correcto. Él me predestinó para eso. Él tenía el plan mucho tiempo antes que yo lo supiera, pero a los diecisiete años de edad me sometí a ese plan y dije: "De acuerdo, Señor, haré lo que tú quieres". No me arrepentimiento en absoluto de eso. De hecho, no cambiaría de lugar con nadie. Es hermoso llegar al final de la vida y darse cuenta de que uno se mantuvo en el plan que Dios tenía para nosotros. Él adapta el plan para cada persona, y puedo ver que aun antes de que hubiera aceptado su plan, me estaba preparando para él. Cuando era un granjero joven teníamos lo que llamamos el Club de Granjeros Jóvenes. Tenían competencias de discursos, y comencé a aprender a hablar en público antes que me convirtiera en cristiano. Dios estaba usando los debates del Club de Granjeros Jóvenes para prepararme para hablar de manera clara y convincente. Puedo ver que él tenía el plan. Estaba preparándome a mí para el plan, y estaba preparando el plan para mí.

Esto es predestinación, y me encanta, pero no es predeterminación. Él no me forzó a hacerlo. Yo podría haberlo resistido. Podría haber dicho no a mi Padre celestial y sí a mi padre terrenal, y sería un granjero ordeñando vacas ahora. No me arrepiento, porque la agricultura se ha vuelto una actividad realmente problemática en nuestro país. Muchos granjeros se han suicidado, porque les resulta difícil mantenerse. Pero no es por esa razón que no lo lamento. No lamento ser un granjero porque me encantaba, lo disfrutaba, pero igual no volvería para tomar ninguna otra decisión. Así que la predestinación encaja también.

    Debo ir terminando. El temor del Señor es parte de nuestro caminar con Dios. Un día, cuando seamos perfectos en amor, todo el temor se irá. No habrá ninguna necesidad de él. El amor perfecto echa fuera el temor, pero mientras nuestro amor es imperfecto, hay un temor sano de no llegar. Eso no me convierte en un neurótico. No me levanto cada mañana preguntándome si soy un cristiano, pero sé que si me salgo de ese camino de Dios y mi seguridad empieza a desaparecer, gracias a Dios que me advierte, volveré al camino rápidamente.

    Fue por esa razón que John Bunyan escribió un libro llamado *El progreso del peregrino*. Espero que lo lea. Él veía la vida cristiana como un Camino, un sendero. Había personas que comenzaban en ese camino y se salían de él. Cuando Peregrino llega al río Jordán, al final del camino, ve la Ciudad Celestial a la distancia, y se da cuenta que todo lo que necesita hacer es cruzar ese río, tiene un amigo con él. Ese amigo mira al río en vez de la ciudad, y dice: "Ese río es profundo y es oscuro. No me gusta intentar cruzarlo". El amigo gira a la izquierda, y hay un sendero que se aleja. El amigo deja a Peregrino y sigue por el sendero. John Bunyan escribe lo siguiente: "Vi entonces que hay un camino al infierno aun desde las puertas del cielo". Fue de aquí que obtuve el título de mi libro, *The Road to Hell* (El camino al infierno). Aun al final del peregrinaje usted todavía puede salirse del camino. Tal vez cuando llegue a mi edad, tiene que tener el doble de cuidado de no aflojar y salirse del camino, para terminar triunfantemente.

    Mi escritor de himnos favorito es Charles Wesley. Sus himnos están llenos de las escrituras. En una estrofa de ocho líneas puede hacer referencia a dieciséis versículos de la Biblia. Él estaba empapado en la Biblia, y tenía un gran don para la poesía. Alguien me dijo una vez: "Si no puedes encontrar un himno de Charles Wesley para que la gente cante lo que has predicado, tendrás que preguntar: '¿Debería haber predicado sobre eso?'". Cubrió toda la Biblia en seis mil canciones maravillosas. Hemos perdido la mayoría de ellos, pero hay una canción bastante corta que escribió. Quiero citarla para demostrar que he estado enseñando lo correcto, porque él escribió un himno sobre el tema.

> Señor, con temblor confieso,
> De gracia puedo caer lejos
> La sal sabor puede perder
> Y nunca volverlo a tener
> Para que éste no sea mi fin
> Ata siempre mi alma a ti
> Guíame al monte sublime
> Por el amor más humilde.[2]

Ese es mi mensaje. Me temo que la enorme mayoría de los predicadores evangélicos no predicarían lo que he enseñado aquí. Pere usted no lo crea porque yo lo he dicho. No diga: "¿Sabe lo que dice David Pawson?". ¡No se atreva a usar mi nombre! Estudie la Palabra de Dios. Métase en la Biblia y averigüe si lo que le he dicho se encuentra ahí. Luego vaya y diga a la gente lo que dice la Biblia, lo que dice la Palabra de Dios.

---

[2] Ah Lord, with trembling I confess, A gracious soul may fall from grace; / The salt may lose its seasoning power, And never, never, find it more. / Lest that my fearful case should be, Each moment knit my soul to thee; / And lead me to the mount above, Through the low vale of humble love.

ACERCA DE DAVID PAWSON

David es un orador y autor con una fidelidad intransigente a las Sagradas Escrituras, que trae claridad y un mensaje de urgencia a los cristianos para que descubran los tesoros ocultos en la Palabra de Dios.

Nació en Inglaterra en 1930, y comenzó su carrera con un título en Agricultura de la Universidad de Durham. Cuando Dios intervino y los llamó al ministerio, completó una maestría en Teología en la Universidad de Cambridge y sirvió como capellán en la Real Fuerza Aérea durante tres años. Pasó a pastorear varias iglesias, incluyendo Millmead Centre, en Guildford, que se convirtió en modelo para muchos líderes de iglesia del Reino Unido. En 1979 el Señor lo llevó a un ministerio internacional. Su actual ministerio itinerante está dirigido principalmente a líderes de iglesia. David y su esposa Enid viven actualmente en el condado de Hampshire, Inglaterra.

A lo largo de los años ha escrito una gran cantidad de libros, folletos y notas de lectura diarias. Sus extensas y muy accesibles reseñas de los libros de la Biblia han sido publicadas y grabadas en *Unlocking the Bible* (*Abramos la Biblia*). Se han distribuido millones de copias de sus enseñanzas en más de 120 países, proveyendo un sólido fundamento bíblico.

Es considerado como "el predicador occidental más influyente de China" a través de la transmisión de su exitosa serie *Unlocking the Bible* a cada provincia de China por Good TV. En el Reino Unido, las enseñanzas de David se transmiten habitualmente por Revelation TV.

Incontables creyentes de todo el mundo se han beneficiado también de su generosa decisión en 2011 de poner a disposición sin cargo su extensa biblioteca audiovisual de enseñanza en www.davidpawson.org. Hemos cargado también hace poco todos los videos de David a un canal dedicado en **www.youtube.com**

VEA EN YOUTUBE
www.youtube.com/user/DavidPawsonMinistry

LA SERIE EXPLICANDO
VERDADES BIBLICAS EXPLICADAS SENCILLAMENTE

Si usted ha sido bendecido al leer, ver o escuchar este libro, hay más disponibles en la serie. Por favor regístrese y descargue más libritos visitando **www.explicandoverdadesbiblicas.com**

Otros libritos en la serie *Explicando* incluirán:
La historia asombrosa de Jesús
La unción y la llenura del Espíritu Santo
La resurrección: *El corazón del cristianismo*
El estudio de la Biblia
El bautismo del Nuevo Testamento
Cómo estudiar un libro de la Biblia: Judas
Los pasos fundamentales para llegar a ser un cristiano
Lo que la Biblia dice sobre el dinero
Lo que la Biblia dice sobre el trabajo
Gracia: ¿*Favor inmerecido, fuerza irresistible o perdón incondicional?*
¿Eternamente seguros?
Tres textos que suelen tomarse fuera de contexto: *Explicando la verdad y exponiendo el error*
LaTrinidad
La verdad sobre la Navidad

Tambien nos encontramos en proceso de preparar y subir estos libritos que puedan ser comprados como copia impresa de:

www.amazon.co.uk o **www.thebookdepository.com**

ABRAMOS LA BIBLIA

Una reseña única del Antiguo y el Nuevo Testamento del internacionalmente aclamado orador y autor evangélico David Pawson. *Abramos la Biblia* abre la palabra de Dios de una forma fresca y poderosa. Pasando por alto los pequeños detalles de los estudios versículo por versículo, expone la historia épica de Dios y su pueblo en Israel. La cultura, el trasfondo histórico y las personas son presentados y aplicados al mundo moderno. Ocho volúmenes han sido reunidos en una guía compacta y fácil de usar que cubren el Antiguo y el Nuevo Testamento en una única edición gigante. El Antiguo Testamento: *Las instrucciones del fabricante* (Los cinco libros de la Ley), *Una tierra y un reino* (Josué, Jueces, Rut, 1-2 Samuel, 1-2 Reyes), *Poesías de adoración y sabiduría* (Salmos, Cantares, Proverbios, Eclesiastés), *Declinación y caída de un imperio* (Isaías, Jeremías y otros profetas), *La lucha por sobrevivir* (1-2 Crónicas y los profetas del exilio) – El Nuevo Testamento: *La bisagra de la historia* (Mateo, Marcos, Lucas, Juan y Hechos), *El decimotercer apóstol* (Pablo y sus cartas), *A la gloria por el sufrimiento* (Apocalipsis, Hebreos, las cartas de Santiago, Pedro y Judas).

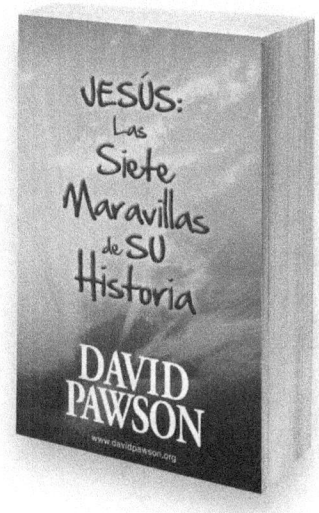

JESÚS
LAS SIETE
MARAVILLAS
DE SU
HISTORIA

Este libro es el resultado de toda una vida de contar "la más grande historia jamás contada" por todo el mundo. David la volvió a narrar a varios cientos de jóvenes en Kansas City, EE.UU., que escucharon con un entusiasmo desinhibido, "twiteando" por Internet acerca de este "simpático caballero inglés" mientras hablaba.

Tomando la parte central del Credo de los Apóstoles como marco, David explica los hechos fundamentales acerca de Jesús en los que está basada la fe cristiana de una forma fresca y estimulante. Tanto los cristianos viejos como nuevos de beneficiarán de este llamado a "volver a los fundamentos", y encontrarán que se vuelven a enamorar de su Señor.

OTRAS ENSEÑANZAS
POR DAVID PAWSON

Para el listado más actualizado de los libros de David ir a: **www.davidpawsonbooks.com**

Para comprar las enseñanzas de David ir a: **www.davidpawson.com**

www.ingramcontent.com/pod-product-compliance
Lightning Source LLC
Chambersburg PA
CBHW071508080526
44587CB00016B/2728